THE NATIONAL ECONOMY

ECONOMIA NACIONAL

"Rice Workers" by Gilda Pérez

THE NATIONAL ECONOMY

ECONOMÍA NACIONAL

POESÍA / POETRY BY

GAUDENCIO RODRÍGUEZ SANTANA

TRANSLATED AND INTRODUCED BY

MARGARET RANDALL

WingsPress

SAN ANTONIO, TEXAS
2019

Economía Nacional was first published
by Ediciones Matanzas in Matanzas, Cuba, 2017.

The National Economy / Economía Nacional
© 2019 by Wings Press
for Gaudencio Rodríguez Santana and Margaret Randall

Cover art, "Cubania" © 1980 by Ramón Martínez Grandal
Frontis art, "Rice Workers" © 1979 by Gilda Pérez

First Edition
ISBN: 978-1-60940-601-1 (paperback original)
E-books:
ePub: 978-1-60940-602-8
Mobipocket/Kindle: 978-1-60940-603-5
Library PDF: 978-1-60940-604-2

Wings Press
P.O. Box 591176
San Antonio, TX 78259

wingspresspublishing@gmail.com

Wings Press books are distributed to the trade by
Independent Publishers Group
www.ipgbook.com

Library of Congress Cataloging-in-Publication Data:

Names: Rodríguez Santana, Gaudencio, 1969- author. | Randall,
     Margaret, 1936- translator, author of introduction.
Title: The national economy : poetry = Económica nacional : poesía /
     by Gaudencio Rodríguez Santana ; translated and introduced by
     Margaret Randall.
Other titles: Económia nacional
Description: First edition. | San Antonio, Texas : Wings Press, 2019. |
     In English and Spanish.
Identifiers: LCCN 2018023664| ISBN 9781609406011 (trade pbk. :
     alk. paper) | ISBN 9781609406035 (mobipocket/kindle) | ISBN
     9781609406042 (pdf)
Subjects: LCSH: Sugar trade--Cuba--Poetry. | Cuba--Economic
     conditions--Poetry.
Classification: LCC PQ7392.R63855 A2 2019 |
DDC 861/.7--dc23
LC record available at https://lccn.loc.gov/2018023664

CONTENTS

A Brief Introduction   *ix*

Economía nacional   4
The National Economy   5

I.

Por la ruta   8
Along the Way   9

Sobre la superficie   12
On the Surface   13

El punto de la miel   14
The Syrup Reaches its Point   15

La marca del azúcar   18
Sugar›s Mark   19

Viejas carretas   22
Old Carts   23

Ver el hechizo de los sitios oscuros   26
Observing the Spell of Dark Places   27

Los horizontes   28
Horizons   29

Torre de agua / Relectura   32
The Water Tower / Reread   33

A veces no sé   36
At Times I Don't Know   37

La zafra 38
The Harvest 39

Pájaros amarillos 44
Yellow Birds 45

Casa de calderas 48
Boiler House 49

II.

Cuasi mapa 52
Almost a Map 53

Nacido en España 54
Born in Spain 55

Esta mujer 60
This Woman 61

Al final de los trenes 64
Where the Trains Stopped 65

Otro país 66
Another Country 67

Estatuto nacional 68
Federal Statute 69

De cara al sol 70
Face to the Sun 71

Para Marliz 72
For Marliz 73

Conversación con el vecino 74
Conversation with the Neighbor 75

Trabajos elementales   76
Ordinary Jobs   77

Díptico del pan   78
Bread Diptych   79

El Título posible sería   82
A Possible Title Might Be   83

Lectura de Lorenzo García Vega   84
Reading Lorenzo García Vega   85

Alrededor de Ángel Escobar   88
About Ángel Escobar   89

Rituales   90
Rituals   91

Acerca del regreso   94
About the Return   95

Los padres   96
Parents   97

El pueblo de Orestes Miñoso   98
Orestes Miñoso's Town   99

Adentro/Afuera   100
Inside/Outside   101

III.

Desde el Absurdo de un sitio que no es   104
From the Absurdity of a Place that
       Does Not Exist   105

Mi madre lava en el fondo de la noche   106
In the Depths of the Night My Mother Washes   107

Vigas del techo   108
Roof Beams   109

Se sobreviva a la tumba   110
We Survive the Tomb   111

Caminos muertos   112
Dead Roads   113

A otra locomotora en invierno   116
To Another Locomotive in Winter   117

Las ruinas   120
The Ruins   121

Tuve una vez   122
I Once Possessed   123

Hierro   126
Iron   127

Este sería Quizáz   128
This May Be   129

Lo dulce del azúcar   132
The Sweetness of Sugar   133

About the Translator   135
About the Author   137

A Brief Introduction

In the words of Abel G. Fagundo, "This is the best book of poetry written by Gaudencio Rodríguez Santana, a poet who knows his craft and the demons of the Spanish language." I would say it may well be one of the best books of poetry I've read. Rodríguez Santana is one of many excellent poets from Matanzas, Cuba, but he only lived for a while in that province's capital city. Born in 1969, he has spent time in two of the hundreds of Cuban communities surrounding a sugar mill, communities in which the life of every man, woman and child is dominated by the country's traditional industry. He eventually returned to Central España, a dying refinery that retains the resounding name of brighter times.

Sugar was long Cuba's most visible face, its one-crop economy, its life. When Fidel Castro's Revolution of 1959 came to power, and despite serious attempts at diversification, the country continued to depend on the monocrop. Men and women cut cane by hand. City people who had never swung a machete spent long volunteer hours aiding the national effort. Nineteen-seventy is remembered as the year an all-out attempt to harvest ten million tons was made—and failed. The effort not only fell short of the desired goal; it adversely affected every other part of the economy and is remembered as a national disaster. But it was those who labored year-round on the vast plantations—the ox-team drivers, railroad engineers, seasonal harvesters and men and women who operated the outdated machinery of the mills—whose lives were entirely defined by sugar.

Spain had begun growing sugarcane in Cuba as early as 1523, but it wasn't until the 18th century that sugar made the colony rich. Throughout the 19th and into the mid 20th century, world sugar production increased exponentially. In this period Cuba's sugar production went from 55,000 to over 5 million tons annually. The small island country remained unchallenged as the world's largest sugar producer all the way into the 1960s, when the Soviet Union, Brazil and India achieved comparable production levels. Those three countries consumed most of their sugar domestically, however, while Cuba exported up to 90 percent of its crop. This tied the Cuban economy to external markets and price fluctuations.

The Revolution attempted to end Cuba's reliance on sugar by diversifying, but international political factors intervened. The punishing United States economic blockade, the fact that Cuban sugar mills were old and relied on U.S. replacement parts, an inheritance of underdevelopment, and global warming's increasing number of devastating hurricanes all conspired to make the shift extremely difficult. For a number of years Cuba was forced to return to the primary production of sugar and to depend on the Soviet Union as its principle market.

The United States has played a cruel role in the history of Cuban sugar. Until the 1960s, it imported 33 percent of the sweetener from the Caribbean island. When the Eisenhower administration suddenly stopped buying Cuban sugar, the country turned to the Soviet Union. That country bought the export with subsidies: oil, heavy equipment, even medicines and foodstuffs. When the socialist bloc collapsed in 1989, this trade agreement was one of its victims. To make things even more difficult for Cuba, this coincided with a downturn in the price of sugar worldwide. Two-thirds of the country's mills closed. Production fell from approximately 8 million to 3.2 million metric tons a year. One hundred thousand workers lost their jobs. The "special period in times of peace" (early 1990s) was extraordinarily difficult for every Cuban. A rise in international sugar prices in 2008 stimulated new efforts, but the 2012-2013 production was only estimated at 1.6 million tons. Sugar, as the mainstay of the Cuban economy, was a thing of the past.

A socialist revolution tries to care for its people. Many workers in the defunct industry were given alternative jobs. But other priorities intervened, new problems emerged, and the suffering continued. With the loss of sugar came the loss of a way of life, an identity, for tens of thousands of Cubans. Rodríguez Santana, who has a personal experience of this rupture, uses the failure of sugar as a metaphor for the many revolutionary hopes that have been lost. He evokes landscapes, tastes, smells, a cartography that no longer exists. In these poems, metaphor moves beyond itself as it hits the reader with a profound and complex truth. This book is raw and painful. It contains a rare imagery in the voice of a poet who combines an intimate knowledge of what he writes about with a unique poetic voice and exquisite perfection of his craft.

—Margaret Randall
Spring 2018

Para mi abuelo Isidro Santana, que siempre estuvo ligado a los centrales.

A sus hijos, también productores de azúcar mientras pudieron. Por eso mismo, o por razones parecidas, a mi madre.

A aquellos vecinos que ya no producen azúcar, y ni siquiera les queda las esperanzas de volver a producirla.

Por supuesto, a mi hijo David, que quiso alguna vez trabajar en el azúcar y que no ignorará estas cosas.

A Marliz, desde bien adentro.

For my grandfather Isidro Santana,
whose life was always in the refineries.

To his sons, who also produced sugar while they could.
For the same reasons, or similar ones, to my mother.

To those neighbors who no longer produce sugar,
and cannot hope to produce it again.

Of course, to my son David, who once wanted
to work in sugar and won't forget any of this.

To Marliz, from deep within.

THE NATIONAL ECONOMY

ECONOMIA NACIONAL

Esta palabra [*economía*] viene de *oíkoc*, casa, y de *vóuoç*, ley, y originalmente no significaba otra cosa que el sabio y legítimo gobierno de la casa, en pro del bien común de toda la familia. El sentido de este término se amplió más tarde al gobierno de la gran familia que es el estado.

Jean–Jacques Rousseau
Discurso sobre la Economía política

Los historiadores sabíamos, hace mucho tiempo, que la industria azucarera ya no daba más, o sea, ésta es una cuestión vieja para nuestra historiografía, un asunto conocido. [...] Ahora, de pronto, en un lapso tal vez demasiado breve, se han tomado medidas radicales que han implicado una ruptura no solo para la industria, sino para las personas que han desenvuelto su vida en torno a un batey azucarero, y estas quebraduras sociales son siempre peligrosas.

[...] a las gentes que han vivido en los bateyes, porque estos han conformado sus modos de vida, sus olores, sus sabores, sus experiencias y porque central y batey constituían un par indisoluble, establecían una relación de dependencia mutua que implicaba la producción del agua, de la energía eléctrica, la distribución de los alimentos, la utilización de la fuerza de trabajo, la formación de los futuros trabajadores, en fin, un mundo que, como ya dije, ahora se quiebra.

María del Carmen Barcia
Revista Catauro, Año 6, no. 11, 2005

La posesión del pasado es la única forma posible de apropiación del tiempo.

Carlos Barral
Observaciones a la mina de plomo

This word [*economy*] comes from οἴκος, home, and from νόμος, law, and originally didn't refer to anything but the wise and legitimate governance of the home in favor of the entire family's common good. Later the meaning grew to mean the governance of that great family that is the State.

Jean-Jacques Rousseau
Discourse on Political Economy

For a long time now we historians knew that the sugar industry couldn't continue, that is to say this wasn't a new issue for our historians, it was well known [. . .] Now, all of a sudden, perhaps too quickly, they have taken radical measures that have meant a rupture, not only for the sugar industry but for the people who have given their lives to a sugar mill, and these social ruptures are always dangerous.

[. . .] to the people who have lived all their lives at a mill—because these have shaped their way of life, the smells, tastes, experiences, and because the plantation and the mill are intrinsically linked—a mutual dependency was established that included the production of water, electricity, food distribution, the use of the labor force, and the formation of future workers. In short, a whole world which, as I've already said, is now broken.

María del Carmen Barcia
Catauro Magazine, Year 6, Number. 11, 2005

Owning the past is the only possible way of appropriating time.

Carlos Barral
Observations of a Lead Mine

ECONOMÍA NACIONAL

Lo que nos hace ricos también nos hace pobres.
Es de ver la nación como un viejo molino
adonde iban a parar los días de invierno
la gloria del azúcar ahora en el olvido.
Las paredes ya truncas, el hierro y el rigor
de unas cuantas personas
que dormitan al pie de los centrales
la adversidad de olores ya perdidos.

Yo miraba el humo, el silencio y el ruido
que cada madrugada abría sus dos puertas
a un bullicio de hombres que ahora
son apenas vecinos de una fábrica
en medio de la herrumbre.
Yo sentía aquellos olores palpitantes
que hoy son largos bostezos, o torres de vapor
hundidas en una niebla ajena.
Lo que me permitió el orgullo
de ser parte de un sueño ya muy viejo
se fue como las aguas de una nación pobre.

El pueblo contempla chimeneas sin humo, el extraño
recuerdo del hollín en esos lugares
marcados por un muro y una rueda dentada.

The National Economy

What makes us rich also makes us poor.
It's about visualizing the nation as an old mill
where winter days have gone to rest,
sugar's glory forgotten now.
Shattered walls, steel and the efforts
of a few people
who sleep at the refinery's feet,
the affliction of long lost scents.

I looked at the belching smoke, the silence and noise
that morning after morning opened its doors
to the bustle of men who are now
just neighbors around a factory
buried in rust.
I breathed in those penetrating odors
become long yawns today, or towers of vapor
dissolving in a foreign mist.
What made me proud
of belonging to a very old dream
disappeared like the waters of a poor nation.

The population looks out on smokeless chimneys,
strange memory of soot in those places
distinguished by a wall and cogwheel.

POR LA RUTA

En el muro de la casa
donde alguna vez viviera
Agustín Acosta
oriné largamente.
Junto a la vieja pared de una escuela
abracé a mi hijo. En lo mudo
de una noche entre naranjos
pude al fin colmar el sueño
de los viejos cruzados.

Hombres de Dios, vean
cómo transcurre la felicidad
por aquellos senderos
que pasan alrededor
de los árboles. Lugares
donde a descansar se sientan
las frutas podridas. Árboles
rotos para siempre.

Cual una eternidad
habremos de cumplir
las palabras que siguen
a lo que fue. La palabra
también es el camino.

ALONG THE WAY

Against the wall of the house
where Agustín Acosta
once lived
I took a long leak.
Beside the old schoolhouse wall
I embraced my son. In the silence
of a night among orange trees
I finally satisfied
my old crusaders dream.

Men of God, look
how happiness runs
along those pathways
weaving through the trees. Places
where rotten fruit sits
to rest. Trees
broken forever.

We must always
respond to
the script that issues
from what was. The word
too is the way.

Alguna vez puse ese espacio
que aprende a continuar
ahora que al pie
de los viejos caminos transitables
regresan los demás, obra de caridad
o simple delirio, roce de las manos
en las viejas paredes.

Once I made a space
for pretending to go on
now that the others return
along passable roads,
a work of charity
or mere delusion, a brush of hands
against these old walls.

SOBRE LA SUPERFICIE

Sobre la superficie retorcida de metal
solo está el sol.
En la nervadura final de los techos,
junto a lo que antaño llevaba en su piel
una sajadura de hierros, el sol existe
casi como daga. Y la intemperie
afila el espacio que el sol toca
del mismo modo con que un filoso cuchillo
corta las caídas del aire, la muerte frágil y total
del aire sobre estos parajes de la herrumbre.

Es el sol en perspectiva.
Es el hierro, la floración de una herrumbre
que luego se convierte en mensaje.
Es el aire que simplemente está
como para que el sol y el metal
confundan a los hombres.

On the Surface

On the twisted metal surface,
nothing but sun.
Along the final ribbing of roofs,
there by what was once a slash of steel
on its skin, the sun appears
almost like a dagger. And weather
penetrates that space touched by the sun
just as a sharp knife cuts
the rush of air, fragile and all-consuming
upon these rusted landscapes.

It is the sun in perspective.
It is steel, the bloom of rust
that later becomes a message.
It is the air that exists
so sun and metal
can keep us confused.

EL PUNTO DE LA MIEL.

Del vacío salen los émbolos y luego
se comprueba que la miel está a punto.
Ya se descubre
el punto de la miel,
los granos
de un azúcar que traza la identidad
para luego deshacerse.

Del vacío, también de ese pedazo
que es el olvido que fatalmente conduce
a su silencio. Y entre los hierros
un vacío otro nos lleva
al punto de la miel,
una página que se cubre
del óxido de toda nuestra suerte.

Mi abuelo arrastró tras de sí
al émbolo. Fue partícipe
de la gloria y la paz, de esa guerra
que corroe las mieles de la purga
y de esa simpleza
que deja el azúcar.
                        Y yo
ahora apenas siento en la lejanía
un leve olor a melaza,

The Syrup Reaches its Point

The pistons come out of nowhere and then
you can tell the syrup has reached its point.
They discover the crystals' reach,
the grains
of a sugar that traces its identity
before it dissolves.

From nowhere, from that place
of oblivion that fatally leads
to silence. And among the oxidized irons
another emptiness takes us
to the syrup's point,
a page covered
with the oxidization of all our fortunes.

My grandfather dragged the piston
behind him. He took part
in the glory and the peace, in that war
that corrodes the purge's crystals,
the simplicity
left by sugar.
                    And I
am left with only a far off
whiff of that molasses,

una culpa que carcome sin piedad
el último jalón de mi abuelo,
la última vez antes de ser quien construía
una espada de madera,
o el gesto elemental de quien busca
el punto de la miel.

a guilt that mercilessly erases
my grandfather's final effort,
the moment before he fashions
a wooden sword,
or the simple gesture of he who looks
for the syrup's perfect point.

La marca del azúcar

No es con agua que arrancamos
ciertas huellas.
La cicatriz a veces se disfraza.
Algo de alcohol
raspa la última superficie
y en los vidrios
vinagre y petróleo,
lo que deshace
la marca del agua.

¿Cómo deshacer ahora
la marca del azúcar?
Huellas que la maleza cubre,
¿cómo hacer para que vuelvan
las cañas? (...*iban y venían,
desesperadas...*)* ¿O cómo
podríamos sembrar ahora
árboles para el final
de tanta hambre?

¿Cómo deshacer la marca del azúcar?
Y sueño los herrumbrosos
caminos a través de la tierra
manchada por las mieles, la purga
de orfandad. Y veo

* Nicolás Guillén, *Elegía a Jesús Menéndez*

SUGAR'S MARK

Water cannot erase
certain tracks.
Sometimes the scar disguises itself.
A bit of alcohol
scrapes the final surface
and on the windows
vinegar and industrial oil
do away with water's mark.

How can we rid ourselves now
of sugar's mark?
Evidence hidden by weeds,
how can we bring back
the cane? (. . . *desperate, they*
came and went . . .)* Or how
plant trees
these days
to placate so much hunger?

How to rid ourselves of sugar's mark?
And I dream of the rust-colored
roads cutting through earth
stained by the juices, an
orphan's purge. And I see

las eternas ruinas
despedazarse sobre el polvo,
sobre esta sobriedad del paisaje
que es una marca absurda
en la memoria.

the endless dusty
broken ruins
scattered in the dust,
solemnity of a landscape
that leaves its senseless mark
on memory.

VIEJAS CARRETAS

Ciertas carretas arrastran tras de sí
el símbolo, los júbilos finales
que retardan el camino
al fondo de esa paz que se cruza en nosotros.
No más el polvo final de las carretas,
las últimas reencarnaciones
de este poderío regalado al azúcar.

La familia se redistribuye
en el mismo epitafio.
Las ruedas
rechinan blandamente,
hasta que un último esfuerzo del animal
las hace callar en un símbolo eterno,
como si toda la humanidad
quedara en el camino de las viejas carretas.

Muchos me han pedido dejar suspendida
toda referencia pasada a las carretas.
Han querido evocar
ciertas palabras que ahora
olvidas en un sitio
que largamente se derrumba. Bostas de animal
y sombra de la lluvia
apenas queda en los libros. Y la historia misma
se escurre por el embaldosado
de patios y oficinas.

OLD CARTS

Certain carts drag behind them
a symbol, the final jubilation
that blocks the road
at the end of a peace that pierces us.
No more final dust from the carts,
those last reincarnations
of sugar's great gift of wealth.

The family redistributes itself
in a single epitaph.
The wheels
screech faintly, until
in one last animal effort
they are silenced in eternal symbol,
as if all humanity
lay down along the old carts' path.

Many have begged me to omit
all reference to the carts.
They wanted to hold on to certain words
you forget in a place of slow decline.
Animal dung and the shadow of rain
barely remain in the books. And history itself
drips on the tile floors
of courtyards and offices.

Miro el paso de las mentadas carretas,
cómo crujen los hierros, la piel
que atenaza las carnes del buey
en el último esfuerzo, un hálito
que inunda la festividad de la mañana.
Del olvido vuelven y hacia allá
han dejado dos líneas, una marca en el espacio
que ciertas lluvias de estación
apuntalan con un invierno
hecho para la profecía.

Pasan, llegan o regresan
las viejas carretas en la noche.
O se desmoronan
viejas calles de un espacio
donde olvidé el amor por las viejas carretas.

I watch the above-mentioned carts pass by,
their steel screech, skin that grips
the oxen's flesh in that last effort, a breath
that buries morning's joy.
They return from oblivion and have left
two lines behind, a figure in space
that certain seasonal rains offer
in a winter made for prophecy.

The old carts pass by, coming
or going in the night.
Or they destroy
the roads in a place where
I've forgotten my love of old carts.

VER EL HECHIZO DE LOS SITIOS OSCUROS

a pesar del triunfo
como una mala refutación
se desvanece. Alma que sufre
el último destino, esa calma
que agolpa una vez más
su patria sin orillas.
Vivir al borde, entrecruzar
una denominación y otra,
una página y otra.

OBSERVING THE SPELL OF DARK PLACES

in spite of victory
fades
like some poor rebuttal. The soul
that suffers its last destiny, a calm
that once again batters
its shoreless nation.
To live at the edge, cross over
from one name to another,
one page to another.

LOS HORIZONTES

A veces he hallado los horizontes.
Hallarlos y volver la página
con la misma frustración con que los vi.
Algunas veces, además, los horizontes
apenas se prefiguran. Líneas de desastre
junto a la insolencia alargada del camino.

Así hallé la patria
como una piedra trunca, tupidos bosques
donde las espinas señalan
la prohibición a cruzar ciertos límites.
Hallé una mirada furtiva
y la supe mía. Nada nuevo
que transparente el paisaje más diverso,
un mar de espinas frente al otro mar.

La patria se traslada en mis ojos.
En mis ojos se pierden
los motivos que tienen nombres diversos.
Un cuchillo que diseña el paisaje,
lo imposible
de acumular sobre la página vacía
largas columnas hechas por el barro.

A veces, solo a veces, he hallado
ciertos horizontes, imágenes que jamás
acumulamos y, sin embargo,

HORIZONS

At times I've found horizons.
Found them and turned the page
with the same old frustration as before.
And there are times when horizons
are barely visible, disastrous lines
tracing the road's long insolence.

That's how I came upon the nation
like a broken stone, thick forests
where thorns signal the danger
of breaching certain limits.
I found a furtive expression
and knew it was mine. Nothing new,
the transparency of such diverse landscape,
a sea of thorns by that other sea.

I carry the nation in my eyes.
In my eyes, motivations with different names
lose themselves.
A knife maps the landscape,
the impossibility
of assembling long columns of mud
upon the empty page.

At times, only at times, I have found
certain horizons, images we could
never save, and yet

confunden el paisaje de la patria, bosques
donde un arbusto hunde sus espinas.
¿Y dónde las palmas, las maderas,
dónde crecen sobre la roja superficie de la tierra
las hierbas y los frutos?

they confuse the nation's landscape, forests
where a bush hides its thorns.
Where are the palm trees, the timber,
where do the grasses and fruits grow
upon earth's red soil?

TORRE DE AGUA/ RELECTURA

Las he visto alzarse y confundir la sed
por un poco de agua diferente. Las he visto
desnudas hasta del agua,
sitios para morir los solos animales
de una sed que ni aún el agua de Dios
podría mitigar cada domingo. Torre de agua,
siluetas de la lluvia en medio de lo muerto.

Nadie las deshizo,
pero un río vertical ahora yace
en la sequía del cemento.
Y largos arbustos ofrecen sus espinas
para calmar el hambre de las bestias.

Las he visto hermosas
como una bendición al pan y al vino.
Las he besado de algún modo
y en mis labios queda
un poco de la sal que el agua ofrece.
He mirado las torres con la misma inocencia
con que descubre un niño
la sorpresa del mar.

Otras paredes ocultan las hierbas.
(Fue un sitio inmenso. Se conoce
su perdurable arrogancia, su lozanía
en una edad que ya no nos importa.)

The Water Tower / Reread

I have seen them rise and confuse thirst
with a bit of different water. I have
seen them naked to their water,
places where lonely animals die
from a thirst not even God's water
can satisfy each Sunday. Water towers,
silhouettes of rain surrounded by death.

No one tore them down,
but a vertical river now runs
through their cement drought.
And tall bushes offer their thorns
to calm the hunger of beasts.

I have seen them beautiful,
like a blessing of bread and wine.
I kissed them somehow
and a bit of salt from the water
remained on my lips.
I looked at those towers with the innocence
of a child discovering
the sea's surprise.

Other walls hide the grasses.
(It was a vast place. We are aware
of its enduring arrogance, its vitality
in an age no longer important to us).

Otros sitios iguales al que obliga el poema
cruzan en la memoria como largos cuchillos.
Torre de agua, espacio para olvidar
la gloria de los mismos cuchillos que destruyen
el noble río vertical de la sangre.

Other places like those the poem gives us
cross in my memory like long knives.
The water tower, a place to forget
the glory of those knives that destroy
blood's upright and noble river.

Dos patrias tengo yo: Cuba y la noche.
—José Martí

A VECES NO SÉ
de dónde viene la palabra *Patria*, cómo
conjugarla cual verbo intransitivo,
o reflexivo de forma.
O adónde vamos a escribir
con gruesas líneas negras.

La patria y la noche. Cuba, o el filo
que corta la última caña, la fijeza
del plantón amargo
que alcanza sus mejores jugos
en el frío intenso de la palabra *Cuba*.

I have two nations: Cuba and the night.
—José Martí

AT TIMES I DON'T KNOW

where the word *Nation* comes from, how to
conjugate that intransitive verb,
reflexive in its formality.
Or where we will write
with thick black lines.

Nation and the night. Cuba, or the blade
that cuts the last stalk of cane, certainty
of the bitter sapling
that produces its finest juices
in the intense cold of the word *Cuba.*

LA ZAFRA

1

Huele a caña de azúcar.
Agustín Acosta

No sé si tiembla así
sobre el signo del sol. O como dicen
del viento al nortear, palabra de marino,
que los cañaverales ondean.

No siempre es el olor
lo que subyuga, lo que encarna
la palabra precisa.

Aun sobre la tierra, casi
como una página
hecha con los mismos colores
de la palabra que huele.
O en esa realidad
que se aleja, como un horizonte,
es el cañaveral una pregunta,
una página rota, un olor
en medio del hollín
que se deshace.

THE HARVEST

1

It smells of sugar cane.
Agustín Acosta

I don't know if they tremble like that
from the sun's power. Or, as they say
of the wind—in sailor talk—when
a norther comes, the cane fields sway.

It isn't always the scent
that seduces, embodying
such a precise word.

Remaining upon the earth, almost
like a piece of paper
painted with the same colors
of that word we smell.
Or perhaps, in that reality
moving off like a horizon,
the cane field is a question,
a torn page, a fragrance
surrounded by
fading soot.

2

En un momento
se escucha el rechinar
de las carretas.

3

LOS INGENIOS ANTIGUOS

En el escalofrío
el rostro taciturno del anciano
mira dos árboles crecer
sin el color exacto de los árboles,
sin el olor que gira
en torno al humo que los propios ingenios
nos prometen.

El silencio ahora
es la promesa
que se dibuja en la loza
trazada alguna vez
sobre el polvo.

Solo eso queda:
dos árboles secos, sin humo
ni marcas de pájaros,
una explanada fría
que se agranda en los ojos
y un nombre que finge ser perfecto
*con orgullo de nobles arruinados.**

2

In a moment
the screech of the carts
will be heard.

3

THE OLD MILLS

Shuddering
the old man's brooding face
watches two trees grow
devoid of the trees' precise color,
empty of the scent that spins
about the smoke
the mills themselves promise us.

Now silence
is the promise
etched into ceramic plates
once covered
in dust.

Only this remains:
two withered trees, without smoke
or the presence of birds,
a cold place
growing in our eyes

y un nombre que finge ser perfecto
*con orgullo de nobles arruinados.**

4

Para Aurora Sánchez Sotolongo

Algo importa
en la última página.
Aún cuando no está
el polvo ajeno.

En el trazado la zafra
ruge en su silencio.

Entre los hierros
hay sitio para el rostro
de una niña.
Detrás está el aroma de la herrumbre.

*Agustín Acosta

and a name pretending to be perfect
*with the pride of ruined nobility.**

4

For Aurora Sánchez Sotolongo

Something matters
on the last page
even when another's dust
is gone.

In the drawing the harvest
roars its silence.

Among the discarded irons
there is room for the face
of a little girl.
The stench of rust in the background.

* Agustín Acosta.

PÁJAROS AMARILLOS

. . . todo árbol deviene hogar de paso . . .
—Luis Suardíaz

Toda casa aquí
son los escombros, las huellas
que dibujo poco a poco
con la punta del lápiz. El hogar
también deja marcas
que en el aguacero
se filtran por el techo
hasta la página escrita.

Por eso el árbol
es más que un pedazo
vivo de madera. O el oficio
de la termita
que hunde su mandíbula
a esta desolación
que ya no nos soporta.

Todo árbol
tantea el aire
en busca del dibujo
en el techo, entre las grietas
que el agua perfecciona.
La humedad
no es más ese sonido
del agua entre las manos.

YELLOW BIRDS

. . . every tree becomes a temporary home . . .
—Luis Suardíaz

Every house here
lays in ruins, footprints
I draw little by little
with the pencil's point. Home
leaves its imprint
through the downpour
filtering from the roof
and onto the written page.

That is why the tree
is more than a living
piece of wood. Or the work
of the termite
sinking its teeth
into this desolation
that no longer bears our weight.

Every tree
explores the air
searching for a drawing
on the roof, among the cracks
perfected by water.
Humidity
is no longer that resonance of water
between our hands.

Miren la desolación,
la imagen que vuela
entre pájaros amarillos.
Lechuzas quizás, algo
que se atreve a vivir
en la madera
del árbol final, o las grietas
que parecen ser una parábola
del exacto sentido
de este lugar tan roto.

Look at this desolation,
the image that flies
among yellow birds.
Owls perhaps, creatures
who dare to live
in the wood
of the last tree, or in those cracks
that seem like a parable
for the exact meaning
of this place that is so broken.

CASA DE CALDERAS

Entre los hierros
y el polvo que alza
lejanos restos de hollín
cae un agua limpia.
Alguien siembra
las hierbas aromáticas.
Alguien traza
una lámina
con el gris del grafito.

El dibujo es incompleto.
Sobre la página
el lápiz olvida
el humo alto y ponderable,
esa nieve oscura
que de enero a abril
arrastra tras de sí
los restos del azúcar.

Falta un olor profundo.
Y un silencio. El mismo
que ruge en la noche
como un animal que duerme
sobre sus huesos rotos.

BOILER HOUSE

A pure rain falls
on the iron
and dust that lifts
its vestiges of soot.
Someone plants
aromatic herbs.
Someone draws
veneer
with a graphite pencil.

The drawing is unfinished.
On the page
the pencil forgets
those billows of smoke,
dark snow
from January to April
dragging behind it
sugar's remains.

A pungent scent is missing.
And a silence.
The same silence that roars in the night
like an animal sleeping
over its broken bones.

III.

Cuasi mapa

Se acude a ciertas rutas
para trazar el país, ese viaje
que se delimita en yerbajos y cruces,
la explanada sobre la cual
dos muchachas se besan.
Se piensa en la posibilidad
de caminos que se cruzan, otras vías
que van desde el centro
a cada espacio de una línea.

Líneas, sucesión de líneas.
(Allí donde se cruzan
mi casa es el comienzo
de todos los caminos.)

ALMOST A MAP

They use certain routes
to map the country, that journey
sketched in weeds and crosses,
the place where
two girls kiss.
One thinks of the possibility
of roads crossing one another, other routes
moving out from the center
to every point along a line.

Lines, succession of lines.
(There where they converge
my house
is the genesis of every road).

Nacido en España

Como yo vivo en un lugar
que crea confusión,
me asocian con el viaje.
Yo invento fronteras posibles,
un Portugal y una Francia
que alrededor de mí
marcan la insistencia.
Invento alguna capital
y en el espacio de un mapa
imaginado en la noche
mi país crece.

Cuando digo que voy
a mi lugar de origen
hablan con sorna
de posibles aerolíneas
que cruzan de una broma a otra.
Hablan de ese mar
que algún niño llena de grumetes,
barcos cargados de otros tantos
mapas que dibujé
en la piel de las vacas.
En la premura de cruzar el charco
otro lado es otra rivera, y mi mano
traza otros tantos versos ponderables.

BORN IN SPAIN

Because I live in a place
that creates confusion,
they associate me with the journey.
I invent possible borders,
a Portugal and a France
to establish
myself.
I invent a capital
and on the space of a map
imagined at night
my country prospers.

When I say I am traveling
to my place of origen
they sarcastically speak of
possible airlines
flying from one joke to another.
They mention that sea
some child populates with cabin boys,
ships carrying other ships
maps I drew
on the skin of cows.
In my haste to cross the pond
the other side is another shore, and my hand
writes other weighty poems.

Sin embargo, mi España
ha ido perdiendo sus olores.
La ternura del humo
sobre la frente familiar
es un himno que se disuelve
en las mieles finales de la purga.
Mi España huye por el mundo
y el agua de sus lluvias
apenas humedece los campos.
¿Cómo no ver
aquellas fronteras que imaginé?
Fronteras disueltas
sobre la hierba húmeda
o por el polvo que engendran los camiones.

Como yo vivo en un pueblo
con un nombre tan real para la historia
ya sé que crea tal confusión.
Mi orgullo crece
ante la fecha nacional de mi nacimiento,
orgullo por un nombre
y una familia que respetan
los que acuden a ella.

Inclino la frente
ante cierta bandera que alzaran.
Fronteras que miro, límites
para creerme un hombre
que los días de su vida
viaja por este mundo tan real

Nevertheless, my Spain
has been losing its scents.
The tenderness of smoke
on a familiar forehead
is a hymn dissolving
in the final honeys of the purge.
My Spain escapes through the world
and the water of her rains
barely moistens the fields.
How not take stock
of those borders I imagined?
Borders dissolving
in wet grass
or in the dust churned up by the trucks.

Because I live in a town
with a name made real by history
I know it may cause confusion.
My pride grows
before the national holiday of my birth,
pride in a name
and a family that respect
those who return.

I bow my head
before a certain flag they raised.
Borders I observe, limits
that help me believe myself a man
who every day of his life
travels this world so real

que lo imagino preguntándome
cómo se puede acaso vivir en España,
entre el bochorno del trópico
y la nostalgia de una ciudad lejana,
insignificante pedazo de llanura
que lame la noche
con su frío y su miedo, o besa
la lluvia de agosto sus temores salvajes.

I imagine it asking me
how one can live in Spain,
between tropical disgrace
and nostalgia for a distant city,
insignificant bit of grassland
licking the night
with its cold and terror, or
the August rain kissing its savage fears.

ESTA MUJER

Esta mujer está sentada, sola,
con el respaldo de la silla en el pecho.
Mira, cavila mansamente.
Supongo algún recuerdo, algo
que defina esa soledad
en el momento en que el portal
es el rincón más fresco del verano.

Alguna que otra madrugada
debió levantarse, armar un desayuno,
irse otra vez a la cama.
¿Recuerda acaso aquellos días?
Ahora es simple, premonición
que fatal sucede
alguna mañana en el futuro.

Sospecho que esta mujer
es de mi familia. Su manera,
el modo en que descubre
la plena satisfacción
que siembra la memoria.
Otras madrugadas
la exquisita forma en que mi abuela
sufre de requiebros fue
el adiós de mi abuelo, el ruido
que despaciosamente acompaña
el vacío nocturno.

This Woman

This woman is seated, alone,
her breast against the back of the chair.
She watches, meditates quietly.
I imagine some memory, something
that defines that loneliness
when the verandah
is summer's coolest retreat.

On one or another of those mornings
she would get up, make breakfast,
return to bed.
Does she even remember those days?
Now it is simple, only a premonition
of some fatal event
some future morning.

I suspect this woman is
a member of my family. Her manner,
the way she inhabits
the full satisfaction
memory bestows.
In other dawns
my grandfather's farewell
was the exquisite way my grandmother
suffered his flirtations, that slow
sound that accompanies
night's emptiness.

Miro en la tarde a esta mujer
que calla ante el olvido, o recuerda
la frialdad de las noches de enero,
sola y cansada. Miro a la abuela,
el único ser del futuro,
el simple recuerdo que ahora cruza
como una máquina
de hacer olvidos,
o la esperanza
ya rota y desolada.
Esta mujer, de mi familia,
como la imagen triste de los hombres
que hunden en el aire
sus últimos cuchillos.

In the afternoon I look at this woman
silent in the face of oblivion or remembering
January's cold nights,
tired and alone. I look at my grandmother,
the only person of the future,
simple memory that returns
now like a machine that produces oblivion
or broken and desolate hope.
This woman, a member of my family,
like that sad image of men
who plunge their last knives
in air.

AL FINAL DE LOS TRENES

Al final de los trenes
se sentaban los hombres.
Cansados de cortar
los verdes campos, límpidos
espacios para mañana,
viajaban de polizones
hasta su destino.

No es que veían pasar
ciertos trenes. Eran
los elementales, los últimos
trenes a una gloria
que indistinta va y viene
sobre la memoria olvidada.

Al final de los trenes
los hombres medían
su pequeño rincón. Volvían
a la fábrica donde siempre
en granos de miel
guardaban y vendían
pedazos de nación.

Where the Trains Stopped

Men sat where
the trains stopped.
Tired of cutting
the green fields, tomorrow's
pristine acres,
they traveled to their destiny
as stowaways.

It's not that they watched
any old train go by. They were
the necessary ones, the last
trains to a glory
coming and going indifferently
in forgotten memory.

Where the trains stopped
the men measured
their small corner. They returned
to the factory where,
among grains of sugar,
they'd always stored and sold
pieces of the nation.

Otro país

Vivo otro país, del mismo modo
que funde sus cimientos.
La rueda que gira, la huella
de la rueda sobre el barro
apenas son el enunciado, golpe motriz
para realimentar los bordes.

El nombre es una burla. Las letras
se desperdigan
mientras la niña intenta descubrir
cuáles son
las que alguna vez definieron
el nombre de este sitio.

Será nación, o multiplicidad
de naciones donde decir carajo.
La fineza de una línea,
larga y constante
como los nombres que designan
este lugar.
Será un puente
entre un tiempo feliz y la burla.

Another Country

I inhabit another country, just as
it digs its foundations.
The wheel that turns, the wheel's impression
in clay
are only the beginning, the initial blow
that refuels the perimeter.

Its name is a taunt. Its letters
scatter
while the little girl tries to understand
which ones
once spelled the name of this place.

It will be a nation, or many nations
where we can say fucking hell.
The delicacy of a line,
long and constant
like those giving name
to this place.
It will be a bridge
between a time of joy and one of mockery.

ESTATUTO NACIONAL.

Voy con los míos a buscar
la parte de la patria que va conmigo,
un estatuto nacional de independencia, de casa
donde la madre aguarda siempre, o el padre
nos enseña a ser
mejores hijos. Padre y madre
de ese acertijo nacional que ponderamos
cada lunes, cada sábado,
en cada fecha del año.

La búsqueda que implica
un país noble y hermoso, una geografía
del alma que nos canta en la noche.
Patria de fundar. Archipiélago.
Espacio donde la nación escribe cada tarde
las páginas comunes. Gloria de los caídos.

Esa mitad del país condenado al silencio.

Federal Statute

I'm going with my people in search
of the part of the nation that accompanies me,
a federal statute of independence, a house
where mother is always there, or father
teaches us to be better children. The father and mother
of that national riddle we ponder
every Monday, every Saturday,
every day of the year.

The search that implies
a noble and beautiful land, a geography
of the soul that sings to us at night.
Founding nation. Archipelago.
A place where each afternoon the nation writes
its quota of pages. Glory of the fallen ones.

That half of the country condemned to silence.

DE CARA AL SOL.

Lo supe blanco y de cara al sol
todos los días. Lo dibujé, trazo fatal,
en la última página. Y a veces
bastaban los colores
para cambiar la imagen.
Aunque luego una página de revista
ocultara el rostro coloreado.

En el aula los versos se fundían
al murmullo de cada matutino.
Y era el orgullo del hombre sincero
muriendo cada vez
de cara al sol.

Ese fue el rostro… El Martí
marcado en la mirada.
Ojos profundos. La frente.
La mano que toca
el borde del cuadro.

De cara al sol siempre lo supe.
De cara al sol, de espaldas
a un silencio que aliviaba los ojos.

FACE TO THE SUN

It knew it white, its face to the sun
every day. I drew it, fatal line,
on the last page. And at times
color was enough
to change the image.
Although a magazine page
later hid the flushed face.

In the classroom the lines of the poem confused
themselves with the murmur of morning's lesson.
And it was the sincere man's pride
as he died little by little,
his face to the sun.

It was that face ... Martí
etched in the gaze.
Deep eyes. Forehead.
Hand touching
the picture's edge.

I always knew him face to the sun.
Face to the sun, back
to a silence that relieved our eyes.

PARA MARLIZ

Se busca el árbol del patio, los frutales
donde ciertas imágenes
dejan caer los futuros aromas. Algo
de lo cual se conversa
o procura de alimentos.

Se busca el patio mismo,
un diálogo a la sombra del árbol,
una mano que raspa
la superficie rugosa del tronco
y dejar las uñas. En cada herida
un pedazo de uno mismo,
pedazos que florecen o especias.

Se busca un árbol, una rama,
ciertos días de lluvia. Una mano
que descansa en el hombro
de todos los domingos.

For Marliz

We look for the patio's tree, giver of fruit
where certain images
let future aromas fall. Something
to talk about
or for procuring food.

We look for the patio itself,
a conversation in the tree's shade,
a hand that scratches
the trunk's rough surface
leaving its nails embedded. In each wound
a bit of oneself,
pieces that flower, spices.

We look for a tree, a branch,
a few days of rain. A hand
that rests on
every Sunday's shoulder.

Conversación con el vecino

Mi vecino me dice "La Palabra"
mientras observo a su mujer,
—una muchachita frágil y rubia—,
casi como si yo fuera el padre.
Apodo mejor, a veces
sentimos en el aire lo que aún
queda de la gloria.
A veces ella nos interrumpe.

Nuestra conversación
podría convocarnos. Piedra de sílex,
punta que deja
una huella de más. Palabra
que vuelve en el apodo.

Ella pasa. Deja un modo distinto,
acaso ya nada deja
sin violentar. Hablamos
de cómo hemos perdido el alma,
de cómo nos duelen los sucesos
en un antes y un ahora.
Ella pasa otra vez. Los dos
callamos un instante.

Ella siempre está ahí,
como el hilillo de agua
que se necesita.

CONVERSATION WITH THE NEIGHBOR

My neighbor calls me "The Word"
while I look at his wife,
—a young girl, fragile and blond—,
almost as if I were her father.
A better nickname, at times
we sense what remains of glory
in the air.
At times she interrupts us.

Our conversation
might summon us. Flint stone,
the point that leaves
an additional wound. Word
that returns in the nickname.

She goes by. Leaves a different mood,
nothing seems to happen now
without violence. We talk about
how we have lost our souls,
about the pain in the events
of a before and a now.
She goes by again. The two of us
fall silent for a moment.

She is always there,
like that slim and necessary
trickle of water.

TRABAJOS ELEMENTALES

Sobre el vacío de la tarde los hombres
hacen labores cotidianas. Hunden el cuchillo
en la carne. Lavan la ropa con sus mujeres.
Dan forma a la madera con un golpe.

Mancho con añil ciertas cuartillas.
Lo diferente es igual de cotidiano
y el pulso de unos dedos en un cuchillo,
o de la madera que huye en cada golpe,
es una acción de fuerza.

Trabajos elementales se suceden. Tibios soplos
del aire cuando el sol
acude a su trazo, al tiempo elemental que emplean
los hombres en armar oficios que no tienen.
Con la seguridad de una línea que traza
postales de la tarde, hechos que gastan los vecinos
creyendo hallar la solución.

ORDINARY JOBS

In the afternoon's emptiness, men
perform ordinary jobs. They plunge a knife
into meat. They wash clothes with the women.
With a single blow they shape a piece of wood.

I stain a few pages with indigo.
What is different is also a daily occurrence.
and the pulse of fingers on a knife
or wood that flees each blow
remains a powerful act.

Ordinary jobs succeed one another. Warm breaths
of air as the sun follows its path,
the time it takes men
to engage in unfamiliar work.
With the certainty of a line that describes
afternoon postcards, what neighbors spend
thinking they have found the solution.

DÍPTICO DEL PAN

Para Israel Domínguez

1. *Fecha del hambre*

La muchacha que vende el pan todos los días.
Marca en una hoja y cobra las monedas.

Mañana volverá a marcar
la fecha del hambre. Los de la fila
regresarán a casa ávidos del pan.

2. *País de pan*

Entre los muros de la panadería
alguien coloca leña para el pan.
Ramas se acumulan
en medio de la tarde. Mañana
morderemos gustosos la ceniza.

Detrás de la panadería
hay muros rotos, otra pared
y el tiempo descuelga los ladrillos.
Un barro húmedo sube con las lluvias.

Este pequeño país huele a pan.
Ancianos compran el pan
como el mejor regalo a la familia.
Algún muchacho huele su cerveza.

BREAD DIPTYCH

For Israel Domínguez

1. *Hunger's date*

The girl who sells bread every day
marks the page and collects the coins.

Tomorrow she will once again
jot down hunger's date. Those in line
will go home longing for bread.

2. *Country of bread*

Between the bakery's walls
someone piles wood for the oven.
By mid afternoon
branches accumulate. Tomorrow
we will happily bite ash.

Behind the bakery
are broken walls, yet another wall
and time loosens bricks.
A humid clay rises with the rains.

This small country smells of bread.
Old people buy bread
as if it were the best gift for the family.
A young man smells his beer.

Alguna niña regresa y las trenzas
puede se deshagan como
las últimas palabras del panadero.

Este país huele a pan. Cenizas, o una voz
que pide más leña. Mientras el pan
huele como una mujer
después del agua y sus afeites.

A little girl returns and her braids
may unravel like
the baker's last words.

This country smells of bread. Ashes, or a voice
asking for more wood. While the bread
smells like a woman
after her bath and shave.

EL TÍTULO POSIBLE SERÍA

Ultima página. La voluntad
de transgredir el páramo y ver
de qué color son
los últimos herrajes: piezas
para ciertas jaulas
que inspiran diversión
o miedos.

Acaso también
son símbolos de desolación.
(El poeta amigo
los nombra *simulacros*.)

Alguna vez por allí
pasó el obrero, con sus herramientas,
rebanando el pan y las barras,
untado de la grasa
y el óxido rojo del país. Huella
que de una vez y para siempre
condenó estos hierros a morir
mientras un recuerdo,
algo
como la pena de un niño,
rompe el silencio.

Here, barely sustained by the distant moment,
among so many definitive death knolls,
a memory may come . . .
—Virgilio Piñera

A POSSIBLE TITLE MIGHT BE

The Last Page. Our resolve
to cross the plain and see
the last ironwork's
color: replacement parts
for certain cages
that inspire amusement
or fear.

They may also be
symbols of desolation.
(My poet-friend
calls them *rehearsals*).

Once the worker passed
by that place, coated
with the country's grease and red rust,
his tools slicing bread and bars.
Leaving a footprint
that once and forever
condemned that metal to death
while a memory,
something like a child's grief
breaks the silence.

LECTURA DE LORENZO GARCÍA VEGA

I

De algún modo
me asomo al texto. Leo poco
de las hojas lejanas, dibujos
que afilan sus bordes
y cortan las palabras que quise
de un modo natural.

Me asomo a lo que fue
una estela de palabras truncas.
Aire que pasa
entre las hojas, imagen
que se disuelve en el texto.

Vivir el texto mismo.
Ser el texto ante lo oscuro
de una puerta cerrada.

II

UNA RESPUESTA

> *... ¿cómo un pájaro puede ser un bulto en el bolsillo?*
> —Lorenzo García Vega

Cuando traducimos
el pan a las palabras, el aire

Reading Lorenzo García Vega

I

Somehow
I approach the text. I absorb little
of the distant pages, the drawings
that run along their borders
naturally blocking
those words I wanted.

I look at what was once
a trail of abandoned words.
Air moving
between the pages, an image
that loses itself in the text.

To live the text itself.
To be the text faced with the dark
of a close door.

II

A Response

> . . . *how can a bird be a bulge in your pocket?*
> Lorenzo García Vega

When we translate
bread into words, air

a cuatro letras
que acaso respiramos una vez,
caen sobre las hojas
algunas migajas.

Pienso en el dibujo
y el sonido que vuelve
sobre la punta afilada del lápiz.

Dibujos que quiebran
la cuartilla estrujada.
En el bolsillo
la hoja de papel
con la palabra pájaro.

into four letters
we may have breathed in once,
a few crumbs fall on the page.

I think of the drawing
and the sound
the sharpened pencil point gives back.

Drawings that shatter
the crumpled paper.
In my pocket,
a piece of paper
with the word bird.

ALREDEDOR DE ÁNGEL ESCOBAR

Para Ricardo Alberto Pérez

Prefiero comer a veces la naranja
de China. Dulzor de la fruta,
el ave que pasa existe
en lo fatal.

Algo cruza la palabra.
Prefiero la fruta, aunque a veces
el vuelo del pájaro es un modo
para husmear más adentro.
Volar a lo que fatalmente
se pierde en la instintiva
cifra de la naranja.

Lo fatal es quizás el cernícalo.
(Quisiera la fruta,
las hojas del limonero francés…)*

Ricardo Alberto Pérez, "Lo fatal es el cernícalo"

ABOUT ANGEL ESCOBAR

For Ricardo Alberto Pérez

Sometimes I prefer to eat the orange
from China. The fruit's sweetness,
the passing bird
living in its mortality.

Something pierces the word.
I prefer the fruit, although at times
the bird's flight is a way
to go deeper.
To fly to that which is fatally lost
in the orange's
hidden code.

The falcon may be fatal.
(I prefer the fruit,
the leaves of a French lemon tree . . .).*

* Ricardo Alberto Pérez: "Fatal is the Falcon"

RITUALES

De vez en cuando los vecinos
cortan la hierba de lo que llamamos
sus jardines. Otros domingos
a mí corresponde
cortar la hierba.

Ciertos oficios de ocasión
se suceden. Limpian un patio
o señalan las vueltas en redondo
por este universo elemental
que vive en una hoja
que corto cada vez con menos brío.

Mientras unos se afanan
en hacer lo mejor
las mujeres cuentan
sus historias. Los hombres
beben el agua o el café.

De vez en cuando todo vuelve:
la hoja de hierba, las faenas
que guardamos quizás
para el descanso. Lo que podemos
queda en la jornada breve.
Las tareas que hacen de la casa
un sitio de paz, o de guerra.

RITUALS

Once in a while the neighbors
weed what we call
their gardens. On other Sundays
it's my turn
to weed.

Certain jobs follow
one another. Cleaning a patio
or counting the circular revolutions
in the simple universe of a leaf
that I cut with less energy
each day.

While some take pride
in doing a good job
the women tell
their stories. The men
drink water or coffee.

Once in a while it all comes back:
the blade in the grass, the tasks
we may save
for when we rest. We do what we can
on each brief shift.
Those chores that make a home
a place of peace, or war.

De vez en cuando los vecinos
cortan las hierbas del jardín . . .
Acudo a esos rituales de domingo
con la ropa mejor para las hierbas.

Once in a while the neighbors
weed their gardens ...
I carry out those Sunday rituals
in my best weeding clothes.

ACERCA DEL REGRESO

Mi hijo lanza unas piedras
al otro lado del camino
mientras aguardo. ¿O es su sombra
la que lanza al asfalto
otras sombras de piedra
que tomó del camino?

Ya nada sé de esa confusión,
nada de la angustia y la espera.

(Cuando parten las sombras los caminos
mi hijo regresa a casa, sin esperanza
de que yo vaya a dormir
como antes, como la sílaba que dicen
las mujeres que aceptan una flor.)

Recojo las piedras que lanzara mi hijo.
Observo que están rotas,
un golpe que deja
sobre la frialdad creciente de la tarde
unas señales confusas acerca del regreso.

ABOUT THE RETURN

While I watch, my son throws
some stones across the road.
Or is it his shadow
throwing at the asphalt
shadows of stones
he found in the road?

I no longer know anything of that confusion,
nothing of the anguish and the waiting.

(When the roads part those shadows,
my son comes back home, like the syllable
women utter when they accept a flower,
without the hope that I will be able
to sleep as I once did).

I retrieve the stones my son would throw.
I see they are broken
by blows that leave confusing marks about return
on this afternoon's increasing cold.

LOS PADRES

Los padres creemos en el poder de los ojos
mientras el hijo juega, mientras el hijo cruza
de un lugar a otro,
en los bordes.

Saltan los hijos y también nos vigilan.
Desde este juego que observa
alguna manera habrá para la burla. O puede
que exista la sospecha,
aquella actitud cínica y pura
que todos conocemos como complicidad.

PARENTS

Parents believe in what our eyes see
as a child plays, while the child crosses
from one place to another
balanced on the periphery.

Our children jump around and also keep an eye on us.
In this game of watchfulness
there is room for mockery. Or perhaps
there is suspicion,
that pure and cynical attitude
we know as complicity.

EL PUEBLO DE ORESTES MIÑOSO

Mirar a través de un *home-run*
el silencio de este lugar
significa ciertas historias que pasan
a pesar del nombre de ese pueblo.
(Apenas cruzo los dedos para hincarme
otra vez en la hierba donde acaso
Orestes Miñoso bateó por vez primera.)
Mirar el *home-run* y luego
reconocer un adagio, la música
del madero al golpear
la forma esférica de la perpetuidad.

En el pueblo de Orestes Miñoso
me siento a conversar de la cerveza. (Ciertos vecinos
beben también un líquido viscoso,
los tragos amargos para hablar
de cualquier jugada, las niñas
que somnolientas pasan con sus madres.)

Fatalidad del doble juego que todos los domingos
es simple algarabía, y el susurro
de una bola que rueda a ras de pasto.
O el batazo de Orestes Miñoso
que pasa la cerca, se va, se hunde
en el último sitio que los ancianos
quisieran colocar en sus memorias.

ORESTES MIÑOSO'S TOWN

To consider the silence of this place
in a *home run*
makes for a certain history
in spite of this town's name.
(I just manage to cross my fingers when kneeling
once again on the grass where Orestes Miñoso
might have swung his bat for the first time).
To take in the *home run* and then
recognize an adagio, the batter's
music as he hits
perpetuity's round form.

In Orestes Miñoso's town
I sit and talk about beer. (Certain neighbors
drink a viscous liquid,
a bitter beverage as they speak of
some memorable play, and sleepy little girls
go by with their mothers).

Fatality of the double play that on Sundays
is simple jubilation, and the whisper
of a ball that skims the grass.
Or Orestes Miñoso hitting it
over the fence, it's gone, it's buried itself
in the last place old men
want to keep in their memories.

ADENTRO / AFUERA

Duermo en el punto medio
entre el adentro y el afuera.
Estoy al margen. No puedo
palpar nada más exterior
que las paredes que dividen mi casa
del interior y la intemperie.

Con un roce apenas de los dedos
hundo mi humanidad
en una brizna de agua. La mano
queda sola y sin nada que hacer.
La mano que giro y coloco
debajo de la almohada.

Yo vivo ese límite, esa verdad
que toca a la puerta. Yo abro
y salen de casa disímiles dibujos,
y entran las ranas, diminutas ranas.

Dormir en el punto medio
a veces suele ser una aventura.
La misma pared junto a la que duermo
tiene en la cal una página.
Estoy al margen, aun cuando la cal
es lo único que separa la pared
de la sombra cálida de mi mano.

INSIDE / OUTSIDE

I sleep midpoint
between inside and out.
At the margin. I feel
nothing beyond the walls
separating the elements
from the interior of my house.

With a mere brush of my fingers
I sink my humanity
in a thread of water. My hand
remains idle and with nothing to do.
The hand I turn and place
beneath my pillow.

I live that limitation, that truth
that knocks at my door. I open
and a variety of drawings leave my house
and frogs, tiny frogs, enter.

Sleeping at midpoint
can sometimes be an adventure.
The very wall I sleep against
has a page tacked upon its façade.
I am at the margen, even when
paint is all that separates the wall
from my hand's warm shadow.

III.

DESDE EL ABSURDO DE UN SITIO QUE NO ES

ciertas estructuras anuncian su existencia.
Este óxido se sirve del metal, de la pintura que delimita
el resto del mundo de este espacio
ahora vacío. Fuego fatuo que a la noche
es un espectro de todo lo que fue.

Lo construido apenas es señal.
Desperdigados lugares que sufren
una ausencia total ahora son
todo lo senil. Cruces de hierro, acero
desde donde saltar a un vacío
que es solo la metáfora, *ojo de puente*,
–como anuncia María Zambrano–,
que permite mirar más allá del lugar común
los retorcidos lugares,
la piedra artificial de la explanada.

FROM THE ABSURDITY OF A PLACE THAT DOES NOT EXIST

certain structures proclaim its existence.
Rust feeds on metal, eats the paint that divides
the world from this space
that is empty now. Vacuous fire, by night
is a ghost of its former self.

What is visible is only what has been built.
Scattered spaces suffering
an absence, only senility now.
Iron crosses, steel
from which to leap into an abyss
that is only the metaphor, *the bridge's eye,*
—as María Zambrano said—
allowing us to see
beyond the cliché:
the artificial stone of this place.

Miré los muros de la patria mía . . .
—Francisco de Quevedo

MI MADRE LAVA EN EL FONDO DE LA NOCHE

sus últimas sábanas. Más allá de lo blanco
y de la espuma arrugada en el agua
mi madre mira los muros,
como si quitara las manchas de tanto tiempo ido.

Pero tras el muro que corroe el agua
todo pasa. Hasta la soledad
ubica en los espacios vacíos otras patrias
ajenas al sonido de las sábanas blancas.
Todo como oficio que se deshace, o como sueño
que vuelve al tiempo del agua jabonosa.

Otros ríos se quiebran. Nadie se queda
en esa vaguedad del agua. Los muros
son también las sábanas que visten
el último sabor del detergente.
Las sábanas
son otros muros que la patria no ya tan mía deja
en el sonido del agua entre las manos.

Otras veces vi los muros y mi madre
enjuagaba una sábana. Yo nunca hice el muro,
y sí dejé de ser parte del oficio qua pasa, de construir
aquellos muros donde las sábanas cuentan
aquellas fábulas que lavan las madres los domingos.

I looked at my country's walls . . .
—Francisco de Quevedo

IN THE DEPTHS OF NIGHT, MY MOTHER WASHES

her last sheets. Beyond whiting
and suds bubbling on water
my mother looks at the walls, as if she could
remove the stains of so much time gone by.

But everything permeates that wall
rotted by water—until loneliness
deposits other nations in that emptiness
alien to the sound of white sheets.
Or like lost employment, or a dream
that returns to the rhythm of soapy water.

Other rivers break apart. No one remains
in that ambiguity of water. The walls
are the sheets dressed
in their final taste of detergent.
The sheets
are other walls that this nation, no longer really mine,
leaves in the sound of water on our hands.

In other times I saw the walls and my mother
rinsed out a sheet. I never built the wall,
and I stopped being a part of the passing trade
of building walls where sheets narrate
those fables women wash on Sunday.

VIGAS DEL TECHO

A menudo algo como la arena cae. Nos lavamos
esa sensación sobre la piel, el halo
de una suciedad, una muerte a pedazos,
ante la sincera caducidad del techo.
O vemos el error. Como una cruz
distinta de las otras cruje
en su final de madera podrida.

Ni una lluvia más. Ni un anuncio
para caer de nuevo, para olvidar
de qué modo el mundo alguna vez
fue providencial y hermoso.
Como granos de arena quizás los excrementos,
la línea que traza en el tiempo
el paso hacia el fin, la retórica
de una realidad antigua que fallece.

Roof Beams

It often rains something like sand. We wash
the sensation from our skin, that aura
of filth, bits of death,
before the roof's sincere expiration date.
Or we glimpse the mistake. Like a cross
unlike all others it disintegrates
in its finality of rotten wood.

Not one more rain. Nor a warning
that we will fall again, to forget
that the world was once
providential and beautiful.
Excrement perhaps like grains of sand,
the line the final journey
traces in time, rhetoric
of an ancient reality dying.

SE SOBREVIVE A LA TUMBA

de los centrales muertos.
Extrañas lozas, explanadas
que luego se nos quedan
en el ojo roto, en la inmediatez
de las ruinas de este siglo.

¿Para qué sirven?
¿Qué podríamos construir si se alzan
estructuras para fenecer,
con un único fin que ya
se deshace sobre el moho?
Sobre estas lápidas,
¿cuántos muertos abundan?

De algún modo
algo queda de ese espacio
donde dibujan los hombres
memoria de lo que fue.
Lozas, lápidas, algún roce suspendido
en el ruido, el recuerdo
de ese ruido que alguna vez
algo significó.

Se sobrevive en esa tumba
que se desplaza
hacia un lugar infinito, elemental,
y la roca falsa que nace
se ofrece desnuda
para que la olvidemos por fin,
como una roca muerta.

WE SURVIVE THE TOMB
of dead mills.
Strange crockery, places
that later remain
in our broken eye, in the proximity
of this century's ruins.

What good are they?
What will we build if structures rise
only to crumble,
their singular fate
dissolution in mold?
How many dead
crowd these tombstones?

Somehow
something remains of that place
where we sketch the memory
of that which was.
Tiles, tombstones, the lightest touch
suspended in sound, a record
of that din that once
meant something.

We survive in this tomb
that spreads
to embrace an infinite primitive place,
and the false rock that is born
offers itself naked
so we may finally forget it,
as if it were dead rock.

Caminos muertos

Ya no circulan los trenes.
Los trenes ya no dejan en el metal de los puentes
su palabra de hierro.
Hacia un lado y otro
crecen las hierbas y la gloria,
y la industria
apenas es un aire de familia triste.

¿Por dónde vendrá el esposo a su esposa?
¿Al pie de qué se sentarán un día
los niños de los campos
para ver de qué modo la ciudad transcurre
entre una curva y otra? ¿Quién
ya no verá la imagen difícil de la puerta
al paso de sus ojos por el tiempo y el espacio?

El que ya no avancen por viejas paralelas
equivale a la paz que ajena a lo feliz
quiere un hombre. La felicidad siquiera
es un pájaro que aletea una tarde
y huye del estruendo. La felicidad escribe
el diario de todos los caminos
que ya no rejuvenecen:
una casa y otro lápiz
que traza un mapa de la pérdida.

DEAD ROADS

The trains no longer run.
The trains no longer leave their iron word
on metal bridges.
Weeds and glory flourish on every side
and industry
barely resembles a sad family.

Where will the husband and wife meet?
At the foot of what
will the countryside's children sit one day
to catch sight of how the city travels
between one curve and another? Who
will catch sight any longer of the door's blurry image
as it passes through time and space before their eyes?

What no longer goes by on parallel tracks
is like the peace a man desires
along with happiness. Happiness is nothing more
than a bird flapping its wings one afternoon
and fleeing the uproar. Happiness records
the story of every road
that no longer grows young:
a house and one more pencil
sketching a map of loss.

Los trenes ya no circulan más.
Un ojo, una parábola del camino
que trasciende la voluntad de existir.
Los trenes se hunden
como un silbido una vez a mis espaldas
y el camino se pierde en la maleza gris,
cadáver de su propia humanidad que se nos esconde.

The trains no longer run.
An eye, a parable of the road
that transcends the will to live.
The trains sink
like the whistle once sounding behind me
and the road is lost in gray underbrush,
cadaver of its own humanity hiding from us.

A OTRA LOCOMOTORA EN INVIERNO

Para Hugo Hodelín

Alguna vez las vi como absurdos cadáveres de hierro
a las viejas locomotoras. Las vi saltar, abalanzarse
sobre el hierro que las traía a casa.
Alguna vez las vi desprender
miedo y humo, tiempo y silbidos que un niño
apenas reconoce con el terror
de lo que es capaz del odio y la inocencia.
Pero ya no.

Los trenes, los raíles que apartan
el hierro de la vida útil, o el misterio que ha hecho
que queden en invierno
la memoria de lo que algún tiempo atrás
fue una locomotora.
Y regresan a la imagen
los trenes de vapor envueltos por el frío,
todo el peso del tren sobre la bruma.

Sí, de un tren, de una locomotora
también se siente el festinado temor
ante lo que finge ser útil. El tren y los pasajeros
se resumen en cadáveres de una plenitud
que ya no salta en nosotros. (En mí
queda una vieja locomotora
sobre un camino incierto.) Los trenes avanzan

To Another Locomotive in Winter

For Hugo Hodelín

I once saw old locomotives as absurd cadavers of iron.
I saw them leap, balancing themselves
over the iron that brought them to my house.
Once I saw them release
smoke and fear, time and the whistle a child
barely recognizes with the terror
hate and innocence produce.
But not anymore.

The trains, the rails that separate iron
from a useful life,
or the mystery of the memory
that remains in winter
of what used to be a locomotive.
And the image of steam engines returns,
shrouded in cold,
their weight upon mist.

Yes, a single train or locomotive
also evokes sudden fear
before that which pretends to be useful.
The train and its passengers become the corpses
of a plenitude no longer springing within us. (In me
one old locomotive remains
on an unpredictable track). The trains advance like

como dioses apagados ante la mente errante
de otras tantas locomotoras de vapor.

Porque en la muerte de una locomotora
hay una estela ya trunca. Las bielas y los émbolos,
la exactitud con que una máquina empuja
su antigua gloria que salvar. O entre el dulzor
de los campos ya muertos por el hombre
una locomotora arrastra en la sed de lo extinto
toda la delicadeza que nunca viví en sus espasmos.

¡Oh tú, vieja locomotora de vapor!, ya no
la visión del progreso que ahora se estanca
en un frío silencio que ni siquiera
te ofreciera la nieve. ¡Vieja locomotora de vapor
que enmudece y de pronto se hunde en mis manos,
en esas palabras que un hombre maduro
coloca en la cuartilla creyendo que tal vez
de aquellos versos salvados de Walt Whitman
tan sólo quede un simple recuerdo adolescente!

burned out gods faced with the wandering minds
of so many other steam engines.

Because in a locomotive's death there is
an abandoned trail. In crankshafts and pistons,
the precision with which a machine hoists
its ancient liberating glory. Or, in the sweetness
of fields murdered by men, a locomotive pulls the thirst
for that which no longer exists, all the tenderness
I never knew, in its spasms.

Oh, old steam engine! No longer
a vision of progress,
now stalled in a silence colder than snow.
Old steam engine, suddenly muted
and buried in my hands,
with those words a mature man
writes on a piece of paper, perhaps believing
a simple adolescent memory lives
in those lines by Walt Whitman he preserved!

LAS RUINAS

…yo no había visto las ruinas.
—Roberto Fernández Retamar

Pregunté cómo quedaban las ruinas,
esos cementerios cerrados entre las hierbas.
Distinguí cierta soledad del sitio
donde produjeron tal vez las últimas mieles
mientras sobre la fría costumbre de observar
ciertas mitades del camino
apenas son una vieja palabra.

El lugar existe casi como memoria.
Los gestos circulares, las fabulaciones
de otros tantos hombres que lo observan,
son un signo precario. Los modos de inventar
de aquellos sitios que son ahora
un nombre aburrido
en la vorágine de la tarde calurosa
son los hierros que se extienden.

No reconozco belleza. Solo la que da
cierta sensación irreal que se disuelve
en la tímida fábula del heroísmo.

The Ruins

. . . I hadn't seen the ruins.
—Roberto Fernández Retamar

I asked what the ruins were like,
those motionless cemeteries among the weeds.
I noticed a certain loneliness in the places
that may have produced their final syrups
while the cold custom of observation
gives us certain parts of the journey
simply as exhausted words.

The place exists almost as memory.
Circular gestures, inventions
of so many others who observe it,
all a precarious sign.
The inventiveness of those places
in the metal that remains,
now nothing more than a boring name
in the vortex of a stifling afternoon.

I do not recognize beauty. Only what produces
a certain unreal sensation
dissolved in heroism's timid legend.

TUVE UNA VEZ
cierta idea del progreso.

Marcas de vapor, esdrújulas,
las imágenes de siempre
entre el hierro y el humo
sempiternos.

Lo vi arrastrar
los dedos y las manos, la imagen
de la grasa en el filo
del pantalón de obrero.

Hoy descubro
la antigüedad, lo insalvable
de esa imagen en el cristal.
El peligro al derrumbe
acecha, la pedrada
que rompe el vidrio, el escarnio
o la pobreza en la ropa manchada.

El progreso zurce
estos versos de pronto.
La cruz de metal
en el remache burdo.
Y como una vieja postal de primavera
florece la herrumbre
como flor en la noche.

I ONCE POSSESSED
a certain idea of progress.

Vapor trails, accent on the third-to-last syllable,
never-ending
images
between the iron and the smoke.

I saw
the imprint of grease
smeared by fingers and hands
along the crease of the worker's trousers.

Today I discover
what is ancient and insurmountable
in that image in the glass.
The danger of collapse
stalks me, a stone
that shatters the window, ridicule
or poverty in stained clothes.

Progress suddenly mends
the lines of this poem.
A metal cross
in its rude finishing touch.
And how an old springtime postcard
causes rust to bloom
like a flower in the night.

Otra noción de progreso
ahora me acorrala.
Debajo de la viga
el agua carcome la dureza
en un polvo que el viento
traza sobre los techos familiares.

Another notion of progress
captures me now.
Beneath the beam
water corrodes the callouses,
produces a dust sketched by the wind
upon familiar roofs.

HIERRO

Ganado tengo el pan: hágase el verso...*
No como hubiera preferido:
sobre el final de la última palabra
colocar el acento. La fragilidad
o el dolor sobre la hoja fría.
Veo el hierro. Como un cadáver roto.
Alguna nueva señal
que supera el gesto del país
o su pérdida. Fábrica de azúcar
que se deslíe en el verso del trópico,
en el último pan, también
ácimo y oscuro.

* José Martí

IRON

I've earned my bread: let poetry come . . .*
Not as I would have preferred:
placing the accent on the end
of the final word. Fragility
or pain on the cold page.
I see the iron. Like a broken corpse.
Some new sign
that improves the country's identity
or its loss. Sugar mill
unraveling in tropical verse,
in the last bit of bread,
unleavened and dark.

* José Martí

Una mortaja no es otra
cosa que un trapo
con pretensiones
solemnes.
Damaris Calderón

ESTE SERÍA QUIZÁS

el poema de la claudicación:
la honda, el páramo,
las sábanas que ocultan
la gran miseria nacional
de las palabras.
O el acertijo, esa duda
que rige la soledad
de los desamparados.

(Debajo de la tela
la duda, el asco, o la simétrica
modelación de los cuerpos partidos,
del silencio ante el cadáver
que el propio trapo enseña
al batir de la sábana.)

Queda en el camino
el gesto que ondea
sin más solemnidad
que la memoria. O desde ya
la esquiva sensación
de que en silencio
lo que fuera

THIS MAY BE

surrender's poem:
slingshot, wasteland,
sheets that hide
the nation's great misery
of words.
Or the riddle, the doubt
that rules the loneliness
of the defenseless ones.

(Doubt lies beneath the cloth,
revulsion, or the symmetrical
sculpting of shattered bodies,
silence before the cadaver
the cloth itself reveals
when we pummel the sheet).

The gesture that flies
with no solemnity
but memory
remains on the road. Or
the elusive sensation
in the silence
of what was once

magnánima estación
boquea como un pez
sumergido en el aire.
Patria
que en medio de la noche
calla su rugido
y asiente al amanecer,
con el sabor amargo
de la muerte.

A veces
solo queda
la neblina.

a magnanimous season
already gasping
like a fish in air.
Nation
that mutes its roar
in the middle of the night
and wakes at dawn
with the bitter taste
of death.

Sometimes
only mist
remains.

LO DULCE DEL AZÚCAR

Algo más sano que el azúcar, la herida
que se fija en los dientes.
Algo más elemental… y humano.

De todo se aprende. Cada día
como una vuelta a la otra mitad,
                algo
que deja de importar
y se deshace. Algo más sano.
Una piedra de más.
Un óxido cercena
de una vez,
lo dulce del azúcar.

Algo más elemental, más fácil.
Vivir de la arena, de la punta de metal
que siempre existe
en un puñado de arena.
Vivir de la tierra que cabe en los bolsillos.

O acaso morir, ya sin azúcar.

The Sweetness of Sugar

Something sweeter than sugar, the wound
embedded in teeth.
Something more elemental . . . or human.

Everything teaches us something. Each day
like returning to its missing half
                                    something
that no longer matters
and breaks apart. Something healthier.
An extra stone.
Truncated rust,
once and for all,
the sweetness of sugar.

Something more basic, easier.
To live from sand, the metal shard
that always exists
in a handful of sand.
To live from the earth you can keep in your pockets.

Or perhaps die, without sugar now.

About the Author

Rodríguez Santana is one of many excellent poets from Matanzas, Cuba, but he only lived for a while in that province's capital city. Born in 1969, he has spent time in two of the hundreds of Cuban communities surrounding a sugar mill, communities in which the life of every man, woman and child is dominated by the country's traditional industry. He eventually returned to Central España, a dying refinery that retains the resounding name of brighter times.

Today Gaudencio Rodríguez Santana is Assistant Director of Culture in the municipality of Perico, province of Matanzas. Lately he has also begun to write art criticism. His published books include *Accidentes* (Ediciones Aldabón, 2003), *Teatros Vacíos* (Ediciones Matanzas, 2003), *El Gran Padre* (Ediciones Vigía, 2004), *En la moviola* (Ediciones Avila, 2006) and *Los versos de Martí* (Ediciones Vigía, 2009). The Cuban edition of *Economía nacional* earned him a Francisco Manzano grant from the Union of Writers and Artists of Matanzas.

About the Translator

Margaret Randall is a feminist poet, writer, photographer and social activist. She is the author of over 100 books. Born in New York City in 1936, she has lived for extended periods in Albuquerque, New York, Seville, Mexico City, Havana, and Managua. Shorter stays in Peru and North Vietnam were also formative. In the 1960s, with Sergio Mondragón she founded and co-edited *El Corno Emplumado / The Plumed Horn,* a bilingual literary journal which for eight years published some of the most dynamic and meaningful writing of an era. Robert Cohen took over when Mondragón left the publication in 1968. From 1984 through 1994 she taught at a number of U.S. universities.

Randall was privileged to live among New York's abstract expressionists in the 1950s and early '60s, participate in the Mexican student movement of 1968, share important years of the Cuban revolution (1969-1980), the first four years of Nicaragua's Sandinista project (1980-1984), and visit North Vietnam during the heroic last months of the U.S. American war in that country (1974). Her four children—Gregory, Sarah, Ximena and Ana—have given her ten grandchildren and one great-grandchild. She has lived with her life companion, the painter and teacher Barbara Byers, for the past 29 years.

Upon her return to the United States from Nicaragua in 1984, Randall was ordered to be deported when the government invoked the 1952 McCarran-Walter Immigration and Nationality Act, judging opinions expressed in some of her books to be "against the good order and happiness of the United States." The Center for Constitutional Rights defended Randall, and many writers and others joined in an almost five-year battle for reinstatement of citizenship. She won her case in 1989.

In 1990 Randall was awarded the Lillian Hellman and Dashiell Hammett grant for writers victimized by political repression. In 2004 she was the first recipient of PEN New Mexico's Dorothy Doyle Lifetime Achievement Award for Writing and Human Rights Activism.

Recent non-fiction books by Randall include *To Change the World: My Life in Cuba* (Rutgers University Press), *More Than Things* (University of Nebraska Press), *Che On My Mind,* and *Haydée Santamaría, Cuban Revolutionary: She Led by Transgression* (both from Duke University Press). Her most recent non-fiction works are *Only the Road / Solo el Camino: Eight Decades of Cuban Poetry* (Duke, 2016) and *Exporting Revolution: Cuba's Global Solidarity* (Duke, 2017).

"The Unapologetic Life of Margaret Randall" is an hour-long documentary by Minneapolis filmmakers Lu Lippold and Pam Colby. It is distributed by Cinema Guild in New York City.

Randall's most recent collections of poetry and photographs are *Their Backs to the Sea* (2009) and *My Town: A Memoir of Albuquerque, New Mexico* (2010), *As If the Empty Chair: Poems for the disappeared / Como si la silla vacía: Poemas para los desaparecidos* (2011), *Where Do We Go From Here?* (2012), *Daughter of Lady Jaguar Shark* (2013), *The Rhizome as a Field of Broken Bones* (2013), and *About Little Charlie Lindbergh and other Poems* (2014), *She Becomes Time* (2016), and *Time's Language: Selected Poems, 1959-2018* (2018), all published by Wings Press.

For more information about the author, visit her website at www.margaretrandall.org.

COLOPHON

This first bilingual edition of *The National Economy / Economía Nacional*, by Gaudencio Rodríguez Santana, translated by Margaret Randall, has been printed on 55 pound "natural" paper containing a percentage of recycled fiber. Titles have been set in Portago and PaintPeel type, the text in Adobe Caslon type. This book was designed by Bryce Milligan.

Wings Press titles are distributed to the trade by the
Independent Publishers Group
www.ipgbook.com
and in Europe by Gazelle
www.gazellebookservices.co.uk

Also available as an ebook.